JN408788

아름다운 고독

아름다운 고독

신화남 네 번째 시집

해암

| 시인의 말 |

가로등 홀로 외로워
어둠을 밝히는 밤

진한 외로움이
바람으로 찾아올 때

불러도 오지 못할 당신의
그 따스한 눈빛을 생각하면
때때로 가슴이 시려옵니다

2013년 8월
혜경 신 화 남

| 차 례 |

1. 가을 꽃 송이 같은 그대

2. 밀물과 썰물

3. 아름다운 고독

4. 봄날의 독백

5. 그 한마디에

1

가을 꽃송이 같은 그대

믿음

사랑하기에
서로를 바라보는 눈빛이
미래를 향한
희망으로 가득 차 있습니다

사랑의 모닥불 피워놓고
밤새워 같이 얘기할 수 있는
그날이 반드시
찾아오리라는
믿음이 있기 때문입니다

나는 믿습니다
하늘과 땅의 모든 것들이
다 흩어져도
우리 사랑만은
변함이 없을 것이라는 것을

가을 꽃송이 같은 그대

멀수록 반가운 길이 있다
오래도록 만나지 못한 사람을
만나보려 할 땐 더욱 그렇다

멀수록 마음이 가는 사람
가을 꽃송이 같은
그에게 가는 길이 멀어
흘러가는 강물에 마음만 보낸다

사랑은 오아시스

따스한 정이 메말라 가는
삭막한 세상 속에서
사는 게 힘들고 지치나요
사랑하는 이를 떠올려 보아요
갑자기 힘이 솟지 않나요

지금 걷고 있는 길이
비록 사막일지라도
사랑이라는 오아시스가 있는데
무슨 걱정이 있나요

힘을 내세요
용기를 잃지 마세요
사랑은
그대가 목말라 할 때
갈증을 풀어주는
사막의 오아시스랍니다

사랑이란

가까이 있으나 멀리 있으나
사랑하는 이가 웃으면
이유 불문하고
배 근육이 당기도록
따라 웃어주는 것

이유는 필요 없습니다
사랑하는 이가 웃으니
덩달아 기분이 좋아
함께 웃으며
한 마음이 되어 주는 것
이것이 사랑입니다

소중한 사람

아침에 눈을 뜨면
제일 먼저 생각나는 사람
하루 일과의 시작은
그대로부터 시작됩니다

내 눈과 내 마음속에
사랑과 웃음으로 존재하는 그대
그런 소중한 한 사람이 있어
하루 일과를
웃음으로 시작할 수 있습니다

아 아
내게 희망과 용기를 주시는
그대는
참으로 소중한 사람입니다

가을이 오면

먼 산을 자주 바라봅니다
어느 가을날
빛바랜 꽃잎이 바람에
뚝뚝 떨어질 때
끝없이 솟아나는 그리움을
자꾸만 자꾸만
가슴속에서 퍼내고 있습니다

그대를 생각하며

그대 마음속에도

오늘은 진종일
내 마음속에
비가 내리고 있습니다
그대 마음속에도
비가 오고 있나요

마음속에 비가 내리는 날엔
유달리 그립고
보고픈 사람이 있습니다
그대도
내 마음과 같았으면 좋겠습니다

失戀人

길을 잃었다
깊은 슬픔으로
흘러내리는
눈물을 훔쳐내다가

새벽녘에야
잠이 드는 사람들

사랑을 할려면

사랑을 할려면
목숨을 걸어야지
있어도 그 뿐
없어도 그 뿐인 사람이라면
옷에 묻은 먼지를 털듯
가볍게 털어버리고

오직 한 사람

사랑을 위해 목숨을 거는 사람
그 정도는 되어야지요

인연의 계절이 찾아오면

쉼 없이 내리는
그리움
장맛비처럼 내리고 있다

다 털어버리고
홀로된
헐벗은 고목

또다시
인연의 계절이 찾아오면
새로운 잎을 피우리라

2

밀물과 썰물

밀물과 썰물

그대,
바다를 아는가
파도가 오는 길을 아는가
파도가 왔다가
되돌아가는 길을 아는가

세상살이가 힘들게 느껴진다면
밀려왔다 밀려가는 파도를 보라
밀물과 썰물이 없다면 바다가 아니다
우리 인생도 이와 같음을

바다는 마음이 넓다
파도가 없어 너무 잠잠하다고
때론 파도가 너무 세다고
이것저것 불평하지 않는다

낙동강 하구언에서

말없이 흐르는 낙동강 물길
저 유유자적한 몸짓을 보라

세상 어느 곳에
저토록 유유히 흐르는 강이 또 있으랴

별 이유 없이
우울해지는 날이면
낙동강 하구언에서
을숙도의 거나한 노을과 흐르는 강을 본다

아 아
생이 고苦라고 하지만
이 순간 어찌 기쁘지 아니하리

산

세상 삭막하게 변하여도
산은 인간을 버리지 않는다

천 년 만 년
가만히 앉아
모든 것을 품을 뿐
티끌 하나 버리지 않는다

하지만
둔치 같은 인간들은
산을 깎아 허물고 고층 아파트를 지으려고
안을 볼 수 없는 창살을 내리치고 있다

제 살 갉아 먹는 줄 모르고

들꽃 한 송이

산새소리 정겹게 들리고
풀벌레 소리 아련하게 들리는
산길을 거닐면
아름다운 모습을 뽐내는 꽃들이
다들 저만 보라는 듯
형형색색 미모를 자랑하고 있지만
아기별의 눈물 같은
이름 없는 들꽃 한 송이
바람이 불 때마다
살랑살랑 어깨 춤을 추며
돌아가는 나의 발길을 멈추게 한다

별 1

하늘의 전등 불빛

어둠 속에서

제각기

그리움의 촉을 밝힌다

별 2

해가 지면
하늘을 적시는 별
은하수 사이로
바다가 흐른다

세상 모두가 잠든
고요한 밤

별만이
총총히 밤을 밝히고 있다

강에서

유유한 흐름 따라
무심히 노 저으며
흥얼대는 저 사공의 콧노래는
언제 들어도
청산을 치는
바람소리보다 맑고
뱃전을 맴도는
물새들의 행렬은
한 폭의 아름다운 풍경화
화가는 강에서 인생을 그리고
시인은 강에서 사랑을 노래한다

단풍

한껏 자태를 뽐내던
찬란한 저 단풍도
모두 낙엽되어 떨어지리라

그리고 함께 스러져
뒹굴며 울리라

이 가을 다 가기 전에

갈매기

해 지더니
노을 찾아오고

저 먼 바다
새파란 수평선 너머

갈매기 하나 둘

어둠이 싫어
별빛 찾아 날아간다

고목

고목은
가을이면 가진 것을 다 버린다
다 버리고
앙상한 가지만 남긴다

시인은 고목을 보고
인생을 노래한다

버리면 다시 채워진다는 것을

파도 소리

자연과 공존하며
아름답게
춤추고 노래하는
삶을 배우라 한다

3
아름다운 고독

아름다운 고독

고독은
내 삶의 여정에
휴식과도 같다

따스한 커피 한잔과
감미로운 음악을 들으며
마음을 비울 수 있으니
내게 있어서 고독은
아름다움이다

그리움 1

가로등 홀로 외로워
어둠을 밝히는 밤

진한 외로움이
바람으로 찾아올 때

불러도 오지 못할 당신의
그 따스한 눈빛을 생각하면
때때로 가슴이 시려옵니다

그리움 2

그리움의 세월 속으로
또 한 해가 가고 있다

그리운 내 님은
저 하늘
어느 별이 되었을까

내가 웃는 이유

내가 때때로 혼자서 웃는 이유는
그대의 따뜻한 사랑이
내 가슴속에 함께하고 있기 때문입니다

아 아
입이 메어지도록 불러도
정겹기만 한 그대

그대라는
사랑스러운 한 사람이 있어
웃음 속에서 살아갈 수 있습니다

아픔을 겪은 후

꽃들이 참 곱다
피워온 역사를 말하지 않아도
뿌리부터 힘들어 왔음을 알 수 있다
살아보니 그 뜻을 알겠다

아픔을 겪은 후

비로소
아름다움이 생겨난다는 것을

인생 1

가을 단풍
화려한 색상으로
한껏 자태를 뽐내지만

이내 떨어져
퇴색되고 마는 것을

무수한 계절을 보내면서도
오래도록
깨치지 못하고 살아왔네

인생 2

가야 할 곳은 없지만
잊어야 할 것을
잊기 위하여

때때로 철길 위에
몸을 싣는다

스쳐가는 풍경들이
어쩌면
우리 인생과 같다

보일 듯 말 듯
시야에 잠깐 비쳤다
스쳐 사라지는 풍경들

출발역은
인생역이지만
도착지는 알 수 없음을

재회

짧은 생 살다가
불꽃 되어 사그러진

그대에게
하고픈 말은

하늘만큼 그리워하다

생이 다하는
그날이 오면
혼불로 다시 만나려니

사랑, 이별

사랑의 무게가 가벼워지면
이별이 고개를 내민다

원하지 않아도
사랑은 세월 속에
스스로 가벼워진다

눈물로 무거워진
이별 하나
바람속 으로
비틀거리며 걸어간다

동행

바람에 실려
흙으로 돌아간 그 사람
하지만
언젠가는 다시 만나질 사람이기에
외로운 삶 속에서도
동행의 기쁨 함께 한다

삶

때 아닌 소낙비에
우산도 없이 비에 흠뻑 젖는다
예측하지 못한 소낙비
이게 우리 삶이 아닐까

4

봄날의 독백

추억

추억이 번지고 있다
살아온 만큼의 세월 위에
슬픔이 번지고 있다

바다로 넘치어 출렁이는
역동의 파도 위에

오늘도 한 마리 물새는
또 어떤 추억에 가슴이 아파

저리도 슬피 울면서
파도의 하늘을 나는가

봄날의 독백

개나리꽃 만개하여
너무 아름답다고요

사랑을 잃은 사람에게
아름다움은 무슨……

꿈길

꿈길로 걸어갑니다
그대와 함께 걸어갑니다

사시사철 달라지는 길이지만
우리 마음은 한결 같습니다

가벼운 발걸음으로
함께 걸어가는 이 길에

햇볕은 참 포근하고 따사롭고
우리 마음은
더 없이 한가롭습니다

희망의 꽃

사랑스러운 그대를 만나
외로움을 덜 수 있어서
너무나 좋습니다

따스한 온기가 있는
마주 잡은 손에서
사랑을 느낄 수 있습니다

언젠가 누군가에게
보여주고 싶고
자랑하고도 싶은 사람

그런 그대가 있어
절망과 슬픔은
더 이상 보이지 않습니다

아 아
지금 그대는
내 가슴의 정원에
희망의 꽃으로 피어 있습니다

견고한 나무는

견고한 나무는
태풍이 불어와도
흔들림이 없습니다

뿌리 깊은
견고한 나무는
그 어떤 풍파에도
결코 꺾이거나
부러짐이 없습니다

우리 사랑도
이와 같았으면 좋겠습니다

허수아비의 설움

허수아비는 단벌신사
계절이 바뀌어도
옷은 그대로다

삭풍이 부는
추운 겨울에도
반바지 반팔 차림으로
하루종일 서서
새들을 쫓아 주고 있지만
주인은 자기 옷만 챙기고 있다

꿈속에서

그대 향한 그리움이
봇물처럼 터져 나옵니다

바람처럼 찾아와
이 밤 꿈속에서도
웃고 있네요

내 그리운 이를
밤마다 만날 수 있다면
얼마나 좋겠습니까

매일 밤
꿈속에서 나마
그대를
볼 수 있으니
나는 행복합니다

하늘도

먹구름 머물더니
이윽고
천둥소리와 함께
비를 쏟아낸다

하늘도 때때로
슬픈 일이 있을 땐
이렇게 슬피 우나보다

꽃과 환생

꽃도
인간처럼 환생한다
피었다가 시들고
다시 또 피기 위해
새순을 내민다

윤회의 바퀴를 돌리며
계절이 바뀌기를
또 다시 기다리고 있다

때로는

내 삶의 일상은
늘 일에 파묻혀 살고 있지만

때로는

수양버들 늘어진 강가에서
연분홍 진달래를 보며
여유로움을 노래하는
호수의 마음이고 싶습니다

5
그 한마디에

그 한마디에

아무 생각 없이 뱉은
그 한 마디가
남에게 깊은 상처를 주곤 합니다
특히 사랑하는 사람에게는
더욱 그렇습니다
그 한 마디가
자칫 이별을 불러올 수도 있습니다
사랑하는 사람의 그 한마디에
희망도 얻고 절망도 얻음을
절대 잊어서는 안되겠습니다

노래

음표로 그리는
아름다운
한 폭의 수채화

희극배우

손뼉을 치며 같이 웃어 주던
관객이 모두 떠난 후
텅 빈 좌석의 공허함이
그들의 마음을 슬프게 한다

큰 웃음 뒤에는
언제나 큰 공허함이 남는다

스팸문자

띠리릭
문자가 왔다는 신호
또 스팸이다
언제쯤이면
“자기 죽도록 사랑해” 라는
문자 한번 받아볼까
스팸문자를 지우며
혼자 미소를 짓는다

사연

숱한 사연들로
세상을 살아가는
사람 사람들

사람 많은 만큼
사연도 가지각색

세상은 텅 비어있는데
가슴속엔
말 못할 사연들로 가득하리라

나 역시 그중에 한 사람

불면

꽃도 바람도 자는데
적막한 밤하늘
짝 잃은
새 한 마리
외로운 비행을 하고 있다

살아있네

때때로
내 마음의 정원에
장미가 피어나고
새들이 찾아와 노래한다

"살아있네" 라는
어느 영화 속에서 유행하던 말

언젠가는
다 버리고 가겠지만
그래 "살아있다"

아름다운 장미가 피고
새들이 노래하는
이 세상에

어디에서나

그대는
내 안에도 있고
내 밖에도 있습니다

안에서는 하루종일
그대 얼굴을 떠올리게 하고
밖에서는 따뜻한 햇살이
그대를 연상케 합니다

하루종일
안에서나 밖에서나
살아 움직이는 그대

아 아
그대는 언제 어디에서나
내 곁에 존재합니다

[해 설]

신화남 시집 「아름다운 고독」의 시 세계

만남과 이별, 그리고 재회

– 신화남 시집 「아름다운 고독」의 시 세계

황 갑 윤

문학박사. 시인 문학평론가

신화남 시인의 시는 풋풋한 풀잎 향기가 난다. 새벽이슬이 내린 오솔길에서 옷자락이 젖듯 시를 읽다보면 어느새 마음이 젖어드는 것이다. 그 특유의 섬세한 표현과 아름다운 시어들이 조용한 산사山寺에 든 듯 안식을 주고 있다. 현란한 수사어나 뒤틀린 표현기교들을 사용하지 않아 작품을 대할 때면 그대로 스미듯 자연스레 의미가 전달되어 작고 수수한 풀꽃을 만나는 듯하다. 또 시인의 시편들에선 시인 자신의 삶의 여정旅程과 그 속에서 체득한 지혜, 인생관, 자연관등을 엿볼 수 있다. 신화남 시인의 4번째 시집 『아름다운 고독』은 그동안 살아온 세월의 삶이 빚어낸 '진액'이 한 방울, 두 방울 모인 듯해 저절로 그 향에 취하게 된다.

고독은

내 삶의 여정에

휴식과도 같다

따스한 커피 한잔과

감미로운 음악을 들으며

마음을 비울 수 있으니

내게 있어서 고독은

아름다움이다

–「아름다운 고독」 전문

살아가는 동안 수많은 만남과 이별을 맞이한다. 모든 만남이 영원하다면 소중함도 덜할까? 아무튼 모든 만남은 반드시 이별을 동반한다. 그 시간의 많고 적음의 차이가 날뿐이다. 신화남 시인은 이 시편에서 '고독은 내 삶의 여정에 휴식과도 같다' 어떤 인연을 맺었다면 시인의 말대로 소중하게 그 의미를 키워나가야 하리라. 쉬이 만나고, 쉬이 헤어지는 요즘의 연인戀人, 부부夫婦, 이기적인 우정友情이 인연의 소중함과 시간의 의미를 소홀히 하고 있는 것이다 맺어진 인연에 그 성실성을 다할 때 마침내 이별마저도 기꺼이 맞을 수 있으리라. 수많은 이별을 통해 얻은 깨달음은 함께 하는 시간동안 더욱 강렬하게 껴안고, 사랑하고, 소통하여야만 이별 후의 아름다운 고독은 더욱 아름다워지리라

아침에 눈을 뜨면
제일 먼저 생각나는 사람

하루 일과의 시작은
그대로부터 시작됩니다

내 눈과 내 마음속에
사랑과 웃음으로 존재하는 그대
그런 소중한 한 사람이 있어
하루 일과를
웃음으로 시작할 수 있습니다

아 아
내게 희망과 용기를 주시는
그대는
참으로 소중한 사람입니다

–「소중한 사람」 전문

신화남 시인의 작품 「소중한 사람」은 사랑이 영원하길 바라지만 어찌 그것이 뜻대로 되겠는가. 설레고 풋풋하던 사랑도 세월이 가면 변질되고 오해들이 쌓이거나 또 다른 사랑에 대한 갈망으로 이별을 맞게 된다. 그러나 이 시를 가만히 살펴보면 상대를 있는 그대로 인정하고 자신의 틀에 맞추려 하거나 구속하려 들지 않고 있는 그대로 사랑을 하는 모습은 마음속에 사랑과 웃음으로 존재하는 그대 그런 소중한 사람이 있어 하루 일과를 웃음으로 시작할 수 있다는 시인은 참으로 소중한 사람을 만나 진실한 사랑을 한 것이다. 이 시에서 신화남 시인은 사랑이 지나고 난 뒤의 추억 속의 풍경들 속에서 이별의 이유를 되짚어 보면서 아픔을 느끼고 있다. 또한 먼 훗날 그리움으로 남게 될 사랑의 아쉬움을 토로하고 있다. 한 줄기 바람이나 빗줄기가 되어 추억을 그리는 마음이야말로 이별을 해본 자만이 느낄 수 있는 절절한 감정일 것이다.

추억이 번지고 있다
살아온 만큼의 세월 위에
슬픔이 번지고 있다

바다로 넘치어 출렁이는
역동의 파도 위에

오늘도 한 마리 물새는
또 어떤 추억에 가슴이 아파

저리도 슬피 울면서
파도의 하늘을 나는가

–「추억」 전문

이제는 추억을 떠올릴 나이가 된 것일까. 살아온 날들이 더해갈 수록 많은 추억들을 가지고 살아가게 된다. 추억이 없다면 얼마나 삭막할 것인가. 힘들 때마다 가슴을 밝히는 빛은 지난날의 아름다운 순간을 떠올리는 일이 될 것이다. 이 시에서 신화남 시인은 바람이 지난 자리에 꽃들이 피어나고 사랑이 끝난 자리엔 추억이 빛난다고 말하고 있다. 추억의 소중함을 아주 절묘하게 표현하고 있다. 그리고 망각의 강을 건널 때까지 즉 죽는 그날까지 추억을 소중히 간직하겠다는 메시지는 독자의 심금을 울리고 있다.

짧은 생 살다가
불꽃 되어 사그라진
그대에게
하고픈 말은

하늘만큼 그리워하다

생이 다하는
그날이 오면
혼불로 다시 만나려니

–「재회」 전문

인생에서 사랑을 빼버린다면 그야말로 무미건조 그 자체일 것이다. 남녀의 사랑도 마찬가지일 것이다 사람은

미완의 존재인데 모든 사람이 같을 수는 없다. 단지 사랑을 모르는 자는 비정할 것이고 이성이 없는 자는 탐닉만이 있을 것이다. 아름다움이 보이는 사람의 눈 속에 사랑이 보이듯이 사랑도 인격에 따라 달라질 것이다. 신화남 시인의 시편에 '짧은 생 살다가/불꽃 되어 사그라진/그대에게/하고픈 말은' 피는가 싶으면 어인 일로 쉬이 지고 피는 꽃처럼, 기쁨인가 하면 어느덧 슬픔이 자리하고. 슬픔. 기쁨을 경위經緯로 짜 가는 한 조각의 비단 같은 것, 그것이 人生일까요. 꽃은 「향기」가 짝이듯이, 삶엔 무엇보다도 「보람」이 있어야겠지요. 인생이라는 긴 여정, 순간순간이 아름다운 달빛 아래서 눈물지어야 할 일보다는 행복감으로 웃음을 짓는 날들 숙연함이 감도는 재회는 독자에게 깊은 메시지를 전하고 있다

해가 지면
하늘을 적시는 별
은하수 사이로
바다가 흐른다

세상 모두가 잠든
고요한 밤

별만이
총총히 밤을 밝히고 있다

– 「별」 전문

어둠에 푹 젖어 있는데 갑자기 한줄기 빛이 들어오면 칼날처럼 섬뜩한 살기가 느껴지며 낯설어진다. 그냥 그대로 지속되는 어둠에 몇날이고 있으면 마치 앉은 채로 혹은 누운 채로 굳어. 득도하여 열반의 길로 들어설 것만 같다. 그렇게 밤은 시인에게 영원을 바라보게 하는 특별한 시간들이며 현실에서 상실의 아픔을 치유해 주는 의사이기도 하다. 밤은 감수성과 예술의 영원한 원천이 되기도 한다.

시를 사랑하고 시와 더불어 삶을 살아가는 사람은 너무나 행복한 사람이다.

신화남 시인의 제4시집 『아름다운 고독』에서는 추상적 관념에서 비치는 희망 그리고 사랑, 결국 시와 사랑은 황폐한 현실로부터 화사 사신을 구원시키는 요소이다. 목숨을 다해야만 끝나는 사랑 시처럼 살다 시처럼 죽어가는 이런 소망이야말로 절대의 순간이며 순수의 결정체라 하겠다. 사실 따지고 보면 과거와 미래는 실존하지 않으며 오늘이 지나가면 과거요, 다가온 오늘이 미래가 아니었던가. 문학 또한 현실을 떠나서는 생각할 수 없다. 그러기에 매일을 성실히 살며 연륜에서 우러나는 지혜와 넉넉함이 밑바탕에 흐르는 시집『아름다운 고독』이 독자들에게 많이 읽혀지고, 많은 사랑을 받으며 삭막해진 현실에서 피곤함을 잠시나마 잊도록 하는 정신적 안식처가 되길 바라며 네번째 상제를 축하하며 문운을 빈다.

아름다운 고독

인쇄일 2013년 8월 27일
발행일 2013년 8월 30일

지은이 신화남
펴낸이 박철수
펴낸곳 도서출판 해암

등록번호 제325-2001-000007호
부산시 중구 동광동 3가 15-5
TEL. 051)254-2260, 2261
FAX. 051)246-1895
E-mail. haeambook@hanmail.net

값 10,000원

ISBN : 978-89-6649-032-5 03810